NOUVEAU
SYLLABAIRE

DES

ÉCOLES PRIMAIRES

PAR

L. HURIEZ

DIRECTEUR DE L'ÉCOLE NORMALE DU PUY.

A LAON

Chez **V. Baston**, place du Bourg, 7;

Successeur de L. Huriez.

A PARIS

Chez BELIN-LEPRIEUR, rue Pavée-St-André, 5.

1851
1850

AVIS.

Tout exemplaire non revêtu de la signature l'auteur sera réputé contrefait.

a è é e
i y o u

è a i u o
é è y a e
o i é u è
ă â a ĕ ê
î į ô û ų

4

a b c d e
f g i j k

c b d k i j
g f b c k g

l m n o p
q r s t u

d b q p r t
n m l s u n
q g c q p l

5

a b c d è é e
f g i j k l m
n o p q r s t
u v x y z

---

i y k c q p b x
n u r z s l v j
è o t e m u n a
g j l d i f p r

ba	bo	ca	ce	ci
co	du	fa	go	ge
gi	ja	jé	li	la
mè	mu	ne	py	pâ
pe	qû	ri	re	ro
ré	sa	se	ta	te
tê	vo	vu	vi	xé
zè	ga	gê	ki	ci
sû	nu	ju	gu	jo

le	té	vé	bi	ma
dé	de	fé	pu	tè
zi	fu	ra	ge	ga
me	pi	re	gè	gé
té	ɲo	go	mi	sy
mo	di	ce	ca	cô
do	xi	fi	né	ci
vé	si	zè	zé	co
bi	eu	ré	je	ju

le | bo ca ge | de | pa pa ‖
sa | ca ba ne | sa | ca ve ‖
la | ro be | de | ma | mè re ‖
le | ca fé | du | dé pu té ‖
ba zi le | se | dé pi te ‖
la | pi pe | fu me | dé jà ‖
du | ci ra ge | gâ té ‖
le | ju ge | â gé ‖
é mi le | ré ci te ra ‖
le | bé né di ci té ‖

Nota. Répéter en remontant des dernière syllabes aux premières.

a | do | ré | la | di | vi | ni | té
la | fê | te | de | ma | mère
la | tê | te | de | jé | rô | me
le | po | ta | ge | é | cu | me | ra
le | pi | lo | te | du | na | vi | re
l'â | ne | dé | ro | bé | a | é | té
dé | vo | ré | sa | me | di
a | na | to | le | a | je | té
de | la | fa | ri | ne | pu | re
la | pâ | te | de | ju | ju | be

le | ca li ce | do ré |
é co le | ca ma ra de |
gê ne | à | la | no ce |
u ne | py ra mi de | à |
cô té | du | sy co mo re |
fi xi té | ca du ci té |
di re | la | vé ri té |
ki lo | zé ro | zè le |
sa la de | du | ca rê me |
ma | pi qû ré | me | gê ne |

la | lu ne | se | lè ve | dé jà

cé ci le | va | à | l'é co le

la | pa ru re | du | fa vo ri

l'â ne | i ra | à | la | pâ tu re

ni co las | va | li re

u ne | tu li pe | fa née

je | vé nè re | ma | mè re

tu | di ras | la | vé ri té

le | lé gu me | à | la | ca ve

u ne | ma la de | a gi tée

au　o　ai　ei　è　é
eu　e　ou　an　am
un　in　im　en　em
ain　on　om　oi　eau

---

bau　fau　tai　pei
peu　veu　tou　mou
can　lam　lun　pin
sym　tim　gen　tem
bain　ron　pom　poi
beau　peau　seau

un | fau con | em bau mé ‖

un | la pin | de meu lun ‖

douze | pom pons | rou ges ‖

on ze | tim ba les | do rées ‖

voi ci | un | beau | mou ton ‖

une | cen tai ne | de | pan ta lons ‖

un | lam beau | de | toi le ‖

la | pei ne | de | ma man ‖

un | tems | nei geux ‖

je | me tai rai | de main ‖

he ch gn ph

cha cun | chante | sa | chanson |
cam pa gne | ma gni fi que |
mon | hô te | me | ca cha |
pha raon | fut | peu | hu main |
le | roi | ma gna ni me |
é le va | un | beau | pha re |
u ne | peine | phy si que |
ha bi tant | de | phé ni cie |
on | ne | joue ra | pas | lun di |
ni | sa me di | ni | di man che |

ein ie ui ç

u ne | pein tu re | soi gnée ||
la | pein tu re | à | l'hui le ||
je | lui | ca che rai | mon | nom ||
j'é tu die | ma | le çon ||
on | te | con vie ra | à | la |
no ce | où | je | suis | con vi é ||
le | man che | de | ma co gnée ||
u ne | a rai gnée | tom ba |
dans | le | po ta ge | au | lait |
que | nous | man gions ||

bla	blé	ble	bri
bra	bru	clo	cla
cra	cri	cro	clai
fleu	gla	gle	glé
gré	gra	pla	plè
ple	pli	plu	pra
prè	prê	pre	pro
droi	trè	tra	vrai

17.

j'ai | vu | du | blé | fleuri |

semblable | au | vôtre |

je | me | suis | brûlé |

au | bras | droit |

un | ongle | propre |

une | brique | de | glace |

boire | de | l'eau | claire |

une | branche | de | cyprès |

la | cloche | du | temple |

un | prêtre | vénérable |

u ne pau piè re en flée

é pau le vi gou reu se |

le ge nou | la jam be |

la pau me de la main |

on trom pe vo tre frè re |

mon on cle et ma tan te |

ont re çu ton ca deau |

u ne ta ble à é cri re |

ta plu me est blan che |

mon en cre est noi re |

le jeudi de la semaine
prochaine nous ferons
une promenade
nous irons au bois
de là nous nous rendrons
à la grande prairie
auprès de la rivière
où nous mangerons des
gâteaux salés ainsi
que il des fruits sucrés

ez et eri

est des les

le nez et les joues
vous irez déjeuner
he buvez que de l'eau
pelez-nous des poires
j'ai vu de sa botier
faire des sa bots
ôtez votre soulier

ma tan te est con ten te

de toi et de moi

un mu let en tê té

j'ai me au tant le lait

de la va che noi re que

ce lui de la blan che

vo tre nom est beau

seu le ment un peu long

me ré com pen se rez-vous

voi ci des ma la des

22.

ar er ir or ur

par tir par la pl uie

tu vas ve nir me cher cher

chez mon on cle | à qui

tu dois por ter de l'or

vous se rez ai mé | si

vous sa vez o bé ir

sans mur mu rer

fer mez les por tes

al vel il if

aut our oir eur

mes dents me font mal

cheval à l'abreuvoir

la tour de babel

le soir on joue dans la cour

saint paul se convertit

à la voix du seigneur

il fut zélé et actif

ieu i-eu | y i-i

œu

le bon dieu est aux ci eux.
ma sœur a un bon cœur.
ce bœuf en s'en fuyant
à cra sû un œuf frais.
le noyer porte des noix.
au pays de mes sœurs,
on élève des bœufs
et l'on mange des œufs

ien i-in aï

vo tre chien a boie bien sou vent pour rien. lie mon chien avec ce lien et la che le tien. main te nant il n'y a plus guè re de pa ï ens. ê tes - vous chré tien ? pri ez bien le bon dieu ; il se sou vien dra de vous.

RÉCAPITULATION

le sa ve tier qui chan te dans la rue ré pa re les vieux sou liers; mais ce n'est pas lui qui fait les sou li ers neufs; il voy a ge gaie ment, por tant sa bou ti que sur son dos; et il est tou jours con tent. il faut tous les jours se la ver à l'eau fraî che les mains et la fi gu re. ne né gli gez pas de vous la ver sou vent les pieds.

il n'y a que les enfants méchants qui aiment à tourmenter les chats et les chiens, le petit garçon qui aime ces animaux a toujours un bon cœur, et il est digne lui-même d'être aimé; à moins qu'il ne soit gourmand ou malpropre; car la malpropreté est un vice; et l'on ne peut aimer ce qui est vice

28

s pour z | t pour s-tion

mon cou sin est en pri so
pour sa gour man di se
sa dé ten tion est pou
moi bien dou lou reu se
la sai son des fraise
u ne pri se de ta ba
un fu sil de bra sa
la na tion fran çais
est ja louse de ses droit

c'est par de hon teu ses spé cu la tions que ce pro prié tai re s'est en ri chi si promp te ment.
ton vi sa ge est ro sé.
ma cou si ne est sai si e.
on a pré sen té au roi u ne lon gue pé ti tion.
voi ci un pe tit gar çon plein de pré ten tion.

ss pour **s** | **nn** pour **n** | **pp** pour **p**

un moi sso nneur a eu la cui sse gau che ca ssée.
lai ssez pa sser ce ru sse.
co nnai ssez-vous l'ho mme qui nous a fra ppés hier?
a llez-vous à l'offi ce?
a ppre nez vo tre le çon.
j'a ttends en fri sso nnant, l'heu re de la pu ni tion.

u ne po mme pou rrie
ne sau rait ê tre bo nne.
ces ce ri ses ne sont pas
en co re a ssez mû res.
que me do nne rez-vous
pour a ller à soi ssons?
il faut que je fa sse tout
ce qu'on me co mman de ra.
em bra sse ton cou sin.
par do nnez-nous, seigneur,
co mme nous par do nnons

32

A a B b C c D d E e F f
G g H h I i J j K k L l
M m N n O o P p Q q
R r S s T t U u V v
X x Y y Z z

P D J C K M Y I L
B A E Q V Z R U T
S H X F N E O D G
M R B U H Y L I G
A X P Q J V T C F
S Z D B U A L I Y

PRIÈRES
A L'USAGE DES CATHOLIQUES.

Au nom du Père, et du Fils, et du Saint-Esprit. Ainsi soit-il.

L'ORAISON DOMINICALE.

Notre Père, qui êtes dans les cieux, que votre nom soit sanctifié, que votre règne arrive, que votre volonté soit faite sur la terre comme au ciel, donnez-nous aujourd'hui notre pain quotidien, et pardonnez-nous nos offenses, comme nous pardonnons à ceux qui nous ont offensés; et ne nous abandonnez point à la tentation, mais délivrez-nous du mal. Ainsi soit-il.

LA SALUTATION ANGÉLIQUE.

Je vous salue, Marie, pleine de grâce, le Seigneur est avec vous;

vous êtes bénie entre toutes les femmes, et Jésus, le fruit de vos entrailles, est béni.

Sainte-Marie, mère de Dieu, priez pour nous pauvres pécheurs, maintenant et à l'heure de notre mort. Ainsi soit-il.

LE SYMBOLE DES APÔTRES.

Je crois en Dieu le Père tout-puissant, créateur du ciel et de la terre : et en Jésus-Christ, son Fils unique, Notre-Seigneur, qui a été conçu du Saint-Esprit, est né de la Vierge Marie, a souffert sous Ponce Pilate, a été crucifié, est mort et a été enseveli ; est descendu aux enfers, et est ressuscité des morts le troisième jour ; est monté aux cieux, et est assis à la droite de Dieu le Père tout-puissant, d'où il viendra juger les vivants et les morts.

Je crois au Saint-Esprit, à la

Sainte Eglise catholique, à la communion des saints, à la rémission des péchés, à la résurrection de la chair, à la vie éternelle. Ainsi soit-il.

LA CONFESSION DES PÉCHÉS.

Je me confesse à Dieu tout-puissant, à la bienheureuse Marie toujours vierge, à saint Michel archange, à saint Jean-Baptiste, aux apôtres saint Pierre et saint Paul, à tous les saints, que j'ai beaucoup péché, par pensées, par paroles et par actions; j'ai péché par ma faute, par ma faute, par ma très-grande faute. C'est pourquoi je supplie la bienheureuse Marie toujours vierge, saint Michel archange, saint Jean-Baptiste, les apôtres saint Pierre et saint Paul, tous les saints, de prier pour moi le Seigneur notre Dieu.

LES COMMANDEMENTS DE DIEU.

Un seul Dieu tu adoreras,
Et aimeras parfaitement.
Dieu en vain tu ne jureras,
Ni autre chose pareillement.
Les dimanches tu garderas,
En servant Dieu dévotement.
Tes père et mère honoreras,
Afin de vivre longuement.
Homicide point ne seras,
De fait ni volontairement.
Luxurieux point ne seras,
De corps ni de consentement.
Le bien d'autrui tu ne prendras,
Ni retiendras à ton escient.
Faux témoignage ne diras,
Ni mentiras aucunement.
L'œuvre de chair ne désireras,
Qu'en mariage seulement.
Biens d'autrui ne convoiteras,
Pour les avoir injustement.

LES COMMANDEMENTS DE L'ÉGLISE.

Les dimanches messe ouïras,
Et les fêtes pareillement.
Les fêtes tu sanctifieras,
Qui te sont de commandement.
Tous tes péchés confesseras,
A tout le moins une fois l'an.
Ton Créateur tu recevras
Au moins à Pâques humblement.
Quatre-Temps, Vigiles jeûneras,
Et le Carême entièrement.
Vendredi chair ne mangeras,
Ni le Samedi mêmement.

www.ingramcontent.com/pod-product-compliance
Lightning Source LLC
Chambersburg PA
CBHW061014050426
42453CB00009B/1432